mela

maçã

pera

pera

arancia

laranja

limone

limão

uva

uvas

fragola

morango

cocomero

melancia

COCCO

COCO

banana

banana

lampone

framboesa

kiwi

quivi

ciliegia

cereja

mirtillo

mirtilo

prugna

ameixa

pesca

pêssego

fico

figo

ananas

ananás

mango

manga

cachi

dióspiro

cavolfiore

couve-flor

zucchina

curgete

melanzana

beringela

carota

cenoura

patata

batata

cavolo

couve

pomodoro

tomate

spinacio

espinafre

broccolo

brócolos

piselli

ervilhas

zucca

abóbora

zucca pepona

abóbora-menina

avocado

abacate

carciofo

alcachofra

fungo

cogumelo

ravanello

rabanete

aglio

alho

cipolla

cebola

barbabietola

beterraba

porro

alho-francês

peperone

pimento

peperoncino

pimenta-malagueta

asparago

espargos